Knackige Vielfalt

verspricht Ihnen diese Rezeptsammlung mit Salaten zum Sattessen. Für jeden Geschmack ist garantiert das Richtige dabei. Alles ist unkompliziert und schnell zuzubereiten, und mit der Tabelle auf Seite 35 geht das Wiegen und Messen noch einfacher. Die meisten Salate lassen sich übrigens gut in Kunststoffdosen transportieren und eignen sich deshalb als üppige, leichte Mahlzeit am Arbeitsplatz. Aber egal, ob Sie sie mittags oder abends zu Hause genießen – auf jeden Fall schmecken sie am besten, wenn sie einige Zeit vorher durchziehen konnten.

Und: Wenn Gäste kommen, reicht eine Portion als Vorspeise für zwei Personen.

Bunter Salat mit Eiern

Knackiger Salat mit einer Dill-Creme-Sauce und wachsweichen Eiern.

Preiswert

300 g gemischter Salat (z. B. Eisbergsalat, Radicchio, Champignons, Tomaten, Salatgurke, Radieschen, Paprikaschote, Zwiebeln)
2 Eßl. Salatcreme
2 Eßl. Tomatenketchup
2 Eßl. Weißwein oder Brühe (Instant)
Salz
Pfeffer, frisch gemahlen
1/2 Bund Dill
2 Eier

• Zubereitungszeit: etwa 10 Minuten

Etwa 1680 kJ/400 kcal

Salatcreme ist eine leichte Variante der Mayonnaise. Sie enthält nur 25 % Fett, weil sie mit Joghurt hergestellt wird. Eier müssen mit kaltem Wasser abgeschreckt werden, sonst bleibt das Eiweiß an der Schale kleben. Entweder unter fließendes kaltes Wasser halten oder einige Eiswürfel in ein Schälchen geben, mit kaltem Wasser auffüllen und die Eier nach dem Kochen sofort hineingeben. Nach etwa 30 Sekunden lassen sie sich dann leicht pellen.

1

Die Zutaten waschen und putzen (Seite 34). So schneiden Sie das Gemüse: den Blattsalat in Streifen, die Champignons in Scheiben, die Tomaten in Spalten, die Salatgurke längs vierteln und dann in dünne Scheiben, die Radieschen in Scheiben, die Paprikaschote in Streifen und die Zwiebeln in dünne Ringe. Den Salat in einer Schüssel gut mischen.

2

In einer kleinen Schüssel aus der Salatcreme, dem Tomatenketchup und dem Weißwein oder der Brühe eine Sauce rühren. Mit Salz und Pfeffer kräftig würzen. Den Dill waschen, grob hacken und unterheben.

3

In der Zwischenzeit die Eier wachsweich kochen. In kochendem Wasser dauert das 7 Minuten, im Eierkocher kochen Sie sie laut Anweisung des Herstellers. Die Eier abschrecken, pellen und längs vierteln.

4

Den Salat auf einem großen oder in einem tiefen Teller anrichten. Die Eierviertel darauf verteilen. Die Sauce darüber gießen. Ganz frisch schmeckt dieser Salat am besten.

Warmer Kartoffelsalat

Ein herzhafter Salat zum Sattessen, der auch kalt schmeckt (auch Titelbild).

Klassiker

3 Kartoffeln
Salz
1 großes Stück Salatgurke
1 Tomate
1 Wurst (etwa 80 g, zum Beispiel Kabanos)
2 Zwiebeln
1/2 Bund glatte Petersilie
1 Eßl Weinessig
1/2 Tasse Wasser
2 Teel. Instant-Brühe

- Zubereitungszeit: etwa 30 Minuten (mit Kartoffeln vom Vortag etwa 10 Minuten)

Etwa 1850 kJ/440 kcal

1

Die Kartoffeln knapp mit Salzwasser bedeckt etwa 20 Minuten kochen und lauwarm abkühlen lassen. Sie können auch am Vortag gekochte Kartoffeln nehmen. Die Kartoffen pellen und in Scheiben schneiden.

2

Die Salatgurke und die Tomate waschen und trockenreiben. Die Salatgurke längs vierteln und in Scheiben schneiden, die Tomate achteln. Kartoffeln, Gurke und Tomate in einer Schüssel mischen.

3

Die Wurst längs halbieren, ebenfalls längs in dicke Streifen und quer in Würfel schneiden. Die Zwiebeln pellen und grob würfeln. Die Petersilie waschen und grob hacken (Seite 34).

4

Eine beschichtete Pfanne erhitzen und die Wurstwürfel darin kurz rundherum anbraten. Dann die Zwiebelwürfel hinzufügen und glasig braten.

5

Den Essig und das Wasser dazugießen. Die Instant-Brühe hineinrühren und kurz aufkochen lassen.

6

Die heiße Sauce über das Gemüse gießen. Die Petersilie darüber streuen und alles gut mischen.

Heringssalat

Würziges Matjesfilet mit cremigem Quark und Kresse.

Deftig

3 Kartoffeln
Salz
1/2 süßlicher Apfel
1 Gewürzgurke
1 Zwiebel
1 Matjesfilet
2 Eßl. Cremquark (0,2 % Fett i. Tr.)
1 Eßl. Crème fraîche
2 Eßl. Gurkenwasser
weißer Pfeffer, frisch gemahlen
1 Teel. Zucker
1 Paket Kresse

• Zubereitungszeit: etwa 20 Minuten

Etwa 2350 kJ/560 kcal

Wenn Sie gekochte Kartoffeln vom Vortag haben: Die Kartoffeln pellen, in Scheiben schneiden und zum Schluß unter den Salat heben. Statt Kresse können Sie auch ein halbes Bund gehackten Dill nehmen.

1

Die Kartoffeln knapp mit Salzwasser bedeckt etwa 20 Minuten kochen. So lange im heißen Wasser lassen, bis der Salat fertig ist.

2

Den Apfel und die Gewürzgurke längs vierteln und in dünne Scheiben schneiden. Die Zwiebel pellen und in Scheiben schneiden. Das Matjesfilet kurz unter kaltem Wasser abspülen, trockentupfen, einmal längs zerteilen und in fingerbreite Stücke schneiden.

3

In einer Schüssel Cremquark, Crème fraîche, Gurkenwasser, Salz, Pfeffer und Zucker mit einem Schneebesen cremig rühren (Seite 19). Die Hälfte der Kresse vom Beet schneiden, fein hacken und unter die Sauce heben.

4

Nacheinander den Apfel, die Gewürzgurke, die Zwiebel und das Matjesfilet in die Quarksauce geben. Einmal gut umrühren.

5

Die Kartoffeln abgießen und pellen. Noch heiß in Scheiben schneiden und auf einen Teller legen.

6

Den Heringssalat auf den noch warmen Kartoffelscheiben anrichten und mit der restlichen Kresse bestreuen. Schmeckt am besten lauwarm.

Mais-Wurst-Salat

Eine Mischung aus süßem Mais und herzhafter Schinkenwurst.

Preiswert

3 Kartoffeln
Salz
1/2 Packung tiefgekühlter Zuckermais (ersatzweise 1 kleine Dose Mais, etwa 150 g)
2 Frühlingszwiebeln
1 Schinken- oder Fleischwurst (80 g)
1/2 Bund glatte Petersilie
4 Eßl. Tomatenketchup
Pfeffer, frisch gemahlen
1 Teel. Zucker

- Zubereitungszeit: etwa 30 Minuten (mit Kartoffeln vom Vortag etwa 10 Minuten)
- Zeit zum Durchziehen: 1 Stunde

Etwa 2500 kJ/600 kcal

Zuckermais gibt es tiefgekühlt in 300-g-Packungen und in 150-g-Dosen (Abtropfgewicht 140 g). Beide Sorten können Sie verwenden, der tiefgekühlte Mais schmeckt jedoch noch etwas besser. Mais enthält viele Vitamine, Mineral- und Ballaststoffe und ist somit ein gesunder Baustein für Ihren Speiseplan.

1

Die Kartoffeln knapp mit Salzwasser bedeckt etwa 20 Minuten kochen, abkühlen lassen und pellen. Sie können auch am Vortag gekochte Kartoffeln verwenden. Die Kartoffeln würfeln.

2

Den Mais auftauen, Dosenmais gut abtropfen lassen. Die Frühlingszwiebeln putzen, waschen und schräg in Ringe schneiden. Die Schinkenwurst schräg in dünne Scheiben schneiden. Die Petersilie waschen und grob hacken.

3

In einer Schüssel aus dem Tomatenketchup, 2 Eßlöffeln Wasser, Salz, Pfeffer und dem Zucker eine würzige Sauce rühren (Seite 19).

4

Hintereinander die Kartoffelwürfel, den Mais, die Zwiebelringe und die Schinkenwurstscheiben in die Sauce geben. Einmal gut mischen. Mit der Petersilie bestreuen und mindestens 1 Stunde ziehen lassen.

Rettichsalat

Der Rettichsalat sieht bunter aus, wenn Sie Scheiben von Radieschen und Salatgurken daruntermischen.

Erfrischend

1 kleiner Rettich (geschält etwa 300 g)
1 Teel. Salz
1 Eßl. Olivenöl, kaltgepreßt
1 Eßl. Zitronensaft
Pfeffer, frisch gemahlen
1/2 Bund glatte Petersilie
2 Scheiben Vollkornbrot
2 Teel. Butter oder Margarine

- Zubereitungszeit: etwa 30 Minuten
- Zeit zum Durchziehen: 1 Stunde

Etwa 1750 kJ/420 kcal

Rettich gibt es das ganze Jahr hindurch, der Mai-Rettich ist am schärfsten. Seine Schärfe verliert er aber, wenn er Zeit zum Durchziehen hat. Rettich enthält wie Radieschen Vitamin C und B_2, viele Mineralstoffe und nur 19 Kalorien pro 100 g. Achten Sie beim Einkauf darauf, daß der Rettich knackig und prall und das Grün noch frisch und nicht schlapp ist. Schrumpeliger Rettich ist meistens holzig.

1

Den Rettich schälen, einmal quer in der Mitte durchschneiden, die beiden Hälften dann noch einmal längs halbieren und auf einem Gemüsehobel oder mit dem Messer in sehr dünne Scheiben schneiden (Seite 34).

2

Den Rettich in eine Schüssel geben und mit dem Salz bestreuen. Einmal gut durchschütteln. Durch das Salz zieht er Wasser. Das Wasser nach etwa 20 Minuten abgießen. Dadurch verliert der Rettich auch wieder den größten Teil des Salzes.

3

Den Rettich mit dem Öl und dem Zitronensaft beträufeln und mit Pfeffer würzen. Die Petersilie waschen, grob hacken und zum Rettich geben. Alles einmal gut umrühren. Etwa 1 Stunde durchziehen lassen, zwischendurch immer mal wieder umrühren.

4

Das Vollkornbrot mit Butter oder Margarine bestreichen und diagonal durchschneiden. Das Brot zu dem Rettichsalat essen.

Avocadosalat mit Shrimps

Ein frischer Salat, der richtig satt macht und in jeder Jahreszeit schmeckt.

Raffiniert • Schnell

1 Staude Chicorée
100 g Krabbenfleisch (Shrimps oder Gambas)
1 reife Avocado
Salz
weißer Pfeffer, frisch gemahlen
1/2 Becher Vollmilchjoghurt (75 g)
2 Eßl. Zitronensaft
1/2 Bund Dill

• Zubereitungszeit: etwa 10 Minuten

Etwa 1750 kJ/420 kcal

Avocados schmecken nur reif. Noch nicht ganz reife sollten Sie in Zeitungspapier einwickeln und 2 Tage auf die Fensterbank legen. Avocados enthalten viel Fett, allerdings gesundes pflanzliches. Der Fettgehalt variiert je nach Züchtung. Eine große israelische Avocado hat etwa 270 Kalorien, eine kalifornische etwa 320 und eine mexikanische etwa 380 Kalorien.

1

Vom Chicorée die äußeren Blätter entfernen, das untere, bittere Ende kegelförmig herausschneiden. Einige Blätter ganz lassen und auf einem Teller ausbreiten. Den Rest in Streifen schneiden und darauf verteilen.

2

Das Krabbenfleisch in einem Sieb unter fließendem Wasser abspülen, trockentupfen und auf die Chicoréestreifen geben.

3

Die Avocado halbieren und den Kern entfernen. Von der einen Hälfte die Haut abziehen und das Fruchtfleisch in Scheiben schneiden. Die Scheiben auf dem Krabbenfleisch verteilen. Alles mit Salz und Pfeffer würzen.

4

Das Fruchtfleisch der anderen Avocadohälfte mit einem Löffel herauslösen, in einen Becher geben und zusammen mit dem Joghurt, dem Zitronensaft, etwas Salz und Pfeffer cremig rühren, am besten mit dem Pürierstab des Handrührgerätes.

5

Den Dill waschen, grob mit den Stielen hacken (Seite 34) und den größten Teil unter die Avocadocreme rühren. Diese auf dem Salat verteilen und alles mit dem restlichen Dill bestreuen.

Spinatsalat mit Geflügelleber

Spinat mit einem Hauch Knoblauch und warmen Leberscheiben.

Schmeckt nur ganz frisch

1 Paket tiefgekühlter Blattspinat (300 g)
1 1/2 Eßl. Olivenöl, kaltgepreßt
1 Eßl. Zitronensaft
Salz
Pfeffer, frisch gemahlen
1 Knoblauchzehe
150 g Putenleber
2 Zwiebeln
2 Lorbeerblätter
1 Tasse Weißwein oder Brühe (Instant)

• Zubereitungszeit: etwa 20 Minuten

Etwa 2500 kJ/600 kcal

Statt Geflügelleber können Sie auch Leber von Kalb, Rind oder Schwein nehmen.

1

Den Blattspinat auftauen lassen. Die Hälfte in ein Sieb geben und mit Küchenpapier kräftig ausdrücken. Mit der zweiten Hälfte dann genauso verfahren. Den Spinat kleinschneiden oder grob hacken.

2

In einer Schüssel mit dem Schneebesen 1 Eßlöffel Olivenöl mit dem Zitronensaft, Salz und Pfeffer verrühren (Seite 18). Den Knoblauch pellen, fein würfeln und in die Sauce rühren. Den Spinat mit der Sauce vermischen und kurz ziehen lassen.

3

Die Leber putzen und schräg in flache Scheiben schneiden. Die Zwiebeln pellen und in Ringe schneiden.

4

Eine beschichtete Pfanne erhitzen und das restliche Öl darin heiß werden lassen. Die Lorbeerblätter und die Leberstücke hineingeben und bei hoher Hitze rundherum braun anbraten, dabei mehrmals wenden. Das dauert etwa 4 Minuten. Mit Salz und Pfeffer würzen. Die Hitze etwas herunterschalten.

5

Nach und nach den Weißwein oder die Brühe dazugießen und so lange einkochen lassen, bis der Pfannenboden gerade noch mit Flüssigkeit bedeckt ist. Bevor Sie das letzte Drittel Weißwein dazugießen, die Zwiebelringe in die Pfanne geben und mitschmoren.

6

Den Spinat auf einem Teller anrichten. Die Leberstücke mit der Sauce darauf verteilen. Essen Sie den Salat, solange die Leber noch warm ist. Dazu gibt es Baguette.

Öl-Essig-Sauce

1 1 Eßlöffel Olivenöl mit 1 Eßlöffel Essig oder Zitronensaft verrühren, am besten mit einem kleinen Schneebesen. Zum »Strecken« etwas Wasser oder Weißwein dazugeben.

2 Mit Salz, Pfeffer und etwas Zucker kräftig abschmecken. Fein gewürfelte Schalotten, Zwiebeln oder Knoblauch und/oder Kräuter wie Schnittlauch oder gehackte Petersilie unterheben.

Currysauce

1 Mit einem Schneebesen 2 Eßlöffel Salatcreme mit dem Saft von 1/2 Orange verrühren. Mit Salz, Pfeffer, 2 Teelöffeln Zucker und 2 Teelöffeln Currypulver glattrühren und kräftig abschmecken.

2 Diese Currysauce kann man mit feinen Frühlingszwiebelringen, gehackten Nüssen, Kräutern, wie z. B. Schnittlauch oder Kerbel, oder Zitronen- oder Orangenschale verfeinern.

Scharfe Tomatensauce

Quarksauce

1 4 Eßlöffel Ketchup oder Tomaten-sauce (Fertigprodukt) oder eine Mi-schung von beidem, 2 Eßlöffel Wasser, Salz, reichlich frisch gemahlenen Pfeffer und 1 Teelöffel Zucker verrühren.

1 Mit einem Schneebesen 2 Eßlöffel Cremquark, 1 Eßlöffel Crème fraîche, 2 Eßlöffel Gurkenwasser, Salz, frisch gemahlenen Pfeffer und 1 Teelöffel Zucker cremig rühren.

2 Dazu passen gehackte Petersilie, frisches Basilikum, frischer oder ge-trockneter Oregano oder Thymian und ein Hauch frisch gepreßter Knoblauch.

2 Dazu passen gehackter Dill, klein-geschnittene Kresse oder Schnittlauch-röllchen. Oder auch kleine Zwiebelwür-fel und dünne Frühlingszwiebelringe.

Muschel-Nudel-Salat

Eine frische Tomatensauce mit vielen Kräutern ist hier das Besondere.

Läßt sich gut vorbereiten

1 Portion Nudeln (Spaghetti oder schmale Bandnudeln)
Salz
einige Tropfen Öl
2 Zwiebeln
1 Knoblauchzehe
4 Eßl. gemischte Kräuter (Petersilie, Dill, Schnittlauch, Salbei)
1/2 Packung Tomatensauce (Fertigprodukt)
Pfeffer, frisch gemahlen
1 Dose Seemuschelfleisch in Tomatensauce (Fleischeinwaage etwa 90 g)

- Zubereitungszeit: etwa 15 Minuten
- Zeit zum Durchziehen: 1 Stunde

Etwa 2050 kJ/490 kcal

Noch würziger wird dieser Salat, wenn Sie statt Muschelfleisch geräucherten Fisch nehmen: 100 g Schillerlocken, Seelachs- oder Forellenfilet. Schmeckt auch hervorragend mit Stremel-Lachs.

1

Nudeln in reichlich Salzwasser nach Packungsanweisung bißfest kochen. Dem Kochwasser das Öl hinzufügen, damit die Nudeln nicht zusammenkleben. Die Nudeln kleinschneiden.

2

Die Zwiebeln und die Knoblauchzehe pellen. Die Zwiebeln grob hacken, die Knoblauchzehe fein würfeln. Die Kräuter waschen und hacken (Seite 34), 1 Eßlöffel davon beiseite stellen. Zwiebeln, Knoblauch und Kräuter in eine Schüssel geben.

3

Die Tomatensauce bis auf 2 Eßlöffel dazugießen, kräftig mit Salz und Pfeffer würzen. Die Sauce gut verrühren. Das Muschelfleisch unterheben.

4

Jetzt die Nudeln hinzufügen, alles vermengen und mindestens 1 Stunde durchziehen lassen.

5

Den Salat auf einem Teller anrichten, mit der zurückbehaltenen Tomatensauce übergießen und mit den restlichen Kräutern bestreuen.

Nudelsalat mit Pinienkernen

Pikanter Salat mit Spinat und gerösteten Shiitake-Pilzen.

Fernöstlich

1 Portion Zöpfli-Nudeln
Salz
1 Knoblauchzehe
150 g geputzter Spinat (oder 1/2 Paket tiefgekühlter Blattspinat)
100 g Shiitake-Pilze
2 Eßl. Pinienkerne
Pfeffer, frisch gemahlen
1 Eßl. Olivenöl, kaltgepreßt

• Zubereitungszeit: etwa 15 Minuten
• Zeit zum Durchziehen: 1 Stunde

Etwa 2400 kJ/570 kcal

Wenn Sie keine Shiitake-Pilze haben, können Sie auch braune Champignons nehmen. Eine Delikatesse in der Pilzsaison: Pfifferlinge oder Steinpilze.

1

Die Nudeln in reichlich Salzwasser in etwa 10 Minuten bißfest kochen, in ein Sieb schütten und mit kaltem Wasser abspülen. Zurück in den heißen Topf geben und ausdampfen lassen. Dann in eine Schüssel geben.

2

Die Knoblauchzehe pellen und fein würfeln. Den Spinat putzen, gründlich waschen, mit Küchenpapier trockentupfen und grob hacken. Tiefgekühlten Spinat auftauen lassen und ebenfalls grob hacken. Die Pilze putzen und in Scheiben schneiden (Seite 34).

3

Eine beschichtete Pfanne erhitzen und die Pinienkerne darin rösten. Nach etwa 3 Minuten den Knoblauch dazugeben und weiterrösten, bis die Pinienkerne goldgelb sind.

4

Den Spinat nach und nach in die Pfanne zu den Pinienkernen geben und unter Rühren zusammenfallen lassen. Mit Salz und Pfeffer würzen. Das Olivenöl darüber träufeln. Alles zusammen in der Schüssel unter die Nudeln heben.

5

In der heißen Pfanne die Pilze etwa 5 Minuten rösten, bis sie hellbraun und trocken sind. Mit Salz und Pfeffer würzen. Vorsichtig unter den Nudelsalat heben. Den Salat etwa 1 Stunde bei Zimmertemperatur ziehen lassen.

Thunfischsalat mit Sellerie

Eine Variation des bekannten amerikanischen Thunfischsalat-Sandwich.

Zum Mitnehmen

1/2 Tasse Reis
Salz
3 Stangen Staudensellerie
1 kleine Dose Thunfisch (80 g, natur)
3 Eßl. Salatcreme
2 Eßl. Zitronensaft
Pfeffer, frisch gemahlen

• Zubereitungszeit: etwa 20 Minuten
• Zeit zum Durchziehen: 30 Minuten

Etwa 1900 kJ/450 kcal

Nehmen Sie vom Staudensellerie nur die inneren, zarten Teile. Den Rest können Sie zusammen mit einer geriebenen rohen Kartoffel, 1 1/2 Tassen Brühe (Instant) und 1 Eßlöffel Crème fraîche zu einer leichten Cremesuppe verarbeiten. Auch diese Suppe mit etwas gehacktem Selleriegrün bestreuen.

1

Den Reis in 1 Tasse Salzwasser in etwa 20 Minuten körnig kochen. Gut abdampfen lassen. (Oder 125 g gekochten Reis vom Vortag verwenden; das spart etwa 20 Minuten Garzeit.) Wenn Sie frisch gekochten Reis verwenden, können Sie ihn lauwarm mit den übrigen Salatzutaten mischen.

2

Die zarten Teile vom Staudensellerie waschen und putzen. Sorgfältig von oben nach unten die Fäden abziehen. Dann mit einem scharfen Messer die Stangen schräg in dünne Scheiben schneiden. 2 Eßlöffel von den Sellerieblättern grob hacken und beiseite stellen.

3

Den Thunfisch gut abtropfen lassen. In einer Schüssel den Reis mit den Selleriestückchen und dem Thunfisch vorsichtig vermengen.

4

In einer kleinen Schüssel oder in einem Becher die Salatcreme mit dem Zitronensaft verrühren. Mit Salz und Pfeffer kräftig würzen.

5

Diese Salatsauce über den Salat gießen, mit zwei Löffeln etwas unterheben (Seite 35). Mit dem Selleriegrün bestreuen. Den Salat etwa 30 Minuten bei Zimmertemperatur ziehen lassen.

Reis-Champignon-Salat

Die Bratwurstklößchen geben diesem Salat seinen würzigen Geschmack.

Gelingt leicht

1/2 Tasse Reis
Salz
100 rosa Champignons
3 Frühlingszwiebeln
1 Eßl. Olivenöl, kaltgepreßt
1 Eßl. Weinessig
1 Teel. Zucker
Pfeffer, frisch gemahlen
1 Thüringer Bratwurst (etwa 100 g)

• Zubereitungszeit: etwa 25 Minuten

Etwa 2800 kJ/670 kcal

Bratwürste gibt es in vielen Variationen. Probieren Sie sie aus, bis Sie herausgefunden haben, welche Ihnen am besten schmeckt. In einer beschichteten Pfanne können Sie die Bratwurstklößchen ohne zusätzliches Fett knusprig braten.

1

Den Reis in 1 Tasse Salzwasser in etwa 20 Minuten körnig kochen. Oder 125 g gekochten Reis verwenden.

2

Die Champignons putzen und unter fließendem Wasser waschen. Mit Küchenpapier trockentupfen und in hauchdünne Scheiben schneiden. Die Frühlingszwiebeln putzen, waschen und schräg in dünne Ringe schneiden. In einer Schüssel den eventuell noch warmen Reis mit den Champignons und den Frühlingszwiebeln mischen.

3

In einer Tasse das Olivenöl mit dem Weinessig, dem Zucker, Salz und Pfeffer verrühren (Seite 18). Salz und Pfeffer großzügig verwenden, denn damit würzen Sie den ganzen Salat. Die Salatsauce über den Reis gießen und einmal vorsichtig umrühren.

4

Die Bratwurst auf ein Schneidebrett legen. Ein Ende abschneiden. Mit einem Messer das Bratwurstbrät aus der Pelle drücken. Aus dem Brät haselnußgroße Klößchen formen.

5

Eine beschichtete Pfanne erhitzen. Die Klößchen darin rundherum braun anbraten. Dabei die Pfanne hin und wieder rütteln. Die fertigen Bratwurstklößchen noch heiß unter den Salat mengen.

Curryreis mit Banane

Ein fruchtiger Salat mit Nüssen und einer cremigen Currysauce.

Orientalisch

1/2 Tasse Reis
Salz
1 Staude Chicorée
1 Banane
1 Orange
2 Eßl. Haselnüsse
2 Frühlingszwiebeln
weißer Pfeffer, frisch gemahlen
2 Eßl. Salatcreme
2 Teel. Zucker
2 Teel. Curry

- Zubereitungszeit: etwa 20 Minuten
- Zeit zum Durchziehen: 1 Stunde

Etwa 2800 kJ/670 kcal

Variante mit würzigem Speck: Die Banane in Stücke schneiden. Jedes Stück in eine Scheibe Frühstücksspeck wickeln, mit einem Zahnstocher feststecken. In einer beschichteten Pfanne knusprig braten und zum Schluß auf den Salat legen.

1

Den Reis in 1 Tasse Salzwasser in etwa 20 Minuten körnig kochen.

2

Den Chicorée putzen. Die äußeren Blätter auf einen Teller legen, den Rest in Streifen schneiden. Die Banane schälen und schräg in Stücke schneiden. Die Orange halbieren, eine Hälfte auspressen, die andere in Stücke schneiden. Die Haselnüsse grob hacken. Die Frühlingszwiebeln putzen, waschen und in Ringe schneiden, 1 Eßlöffel davon beiseite stellen.

3

Die Chicoréestreifen, die Banane, die Orangenstücke, die Haselnüsse und die Frühlingszwiebeln in eine Schüssel geben. Mit Salz und Pfeffer würzen.

4

In einer kleinen Schüssel aus der Salatcreme, dem ausgepreßten Orangensaft, dem Zucker, dem Curry, Salz und Pfeffer die Salatsauce rühren. Diese bis auf 2 Eßlöffel über den Salat gießen. Den Reis nach dem Ausdampfen dazugeben. Einmal alles gut umrühren und etwa 1 Stunde durchziehen lassen (Seite 35).

5

Den Salat auf den Chicoréeblättern anrichten. Die restliche Currysauce darüber gießen und die zurückbehaltenen Frühlingszwiebelringe über den Salat streuen.

Weiße Bohnen mit Knoblauch

Im Herkunftsland werden die Bohnen als Vorspeise gereicht.

Spezialität aus Italien

1 Dose weiße Riesenbohnen (Abtropfgewicht 250 g)
1 Knoblauchzehe
2 rote Zwiebeln oder 2 Frühlingszwiebeln
1/2 Bund glatte Petersilie
2 Eßl. Olivenöl, kaltgepreßt
1 Eßl. Weißweinessig
1/2 Teel. Zucker
Salz
weißer Pfeffer, frisch gemahlen
einige Salatblätter nach Belieben

• Zubereitungszeit: etwa 10 Minuten

Etwa 2200 kJ/530 kcal

Dieser Salat schmeckt auch noch am nächsten Tag. Je länger er zieht, desto besser ist er.
Eine Variante: Eine kleine Dose Thunfisch (natur, also ohne Öl, ergibt etwa 60 Kalorien mehr) untermengen. Wenn Sie zu einer Party eingeladen sind und etwas beisteuern sollen: Mit diesem Salat – mit oder ohne Thunfisch – liegen Sie immer richtig.

1

Die Bohnen aus der Dose in ein Sieb schütten und unter fließendem Wasser gut abspülen, abtropfen lassen.

2

Die Knoblauchzehe und die roten Zwiebeln oder die Frühlingszwiebeln pellen beziehungsweise putzen. Die Knoblauchzehe in feine Scheiben, die Zwiebeln in dünne Ringe schneiden. Die Petersilie waschen und grob hacken.

3

In einer Schüssel das Öl mit Essig, Zucker, Salz und Pfeffer so lange verrühren, bis sich der Zucker gelöst hat. Den Knoblauch hineinrühren (Seite 18).

4

Die Bohnen, die Zwiebelringe und die Petersilie dazugeben, vorsichtig umrühren und eine Weile ziehen lassen. Eventuell noch einmal mit Salz und Pfeffer abschmecken.

5

Den Salat nach Belieben auf Salatblättern anrichten, am hübschesten sieht roter Radicchio dazu aus.

Linsen-Walnuß-Salat

Knackige kleine Linsen mit süßen Birnenstückchen.

Vegetarisch

1/2 Tasse kleine, braune Linsen
1 Lorbeerblatt
2 Frühlingszwiebeln
1 kleine Birne
2 Eßl. Walnüsse
1 Eßl. Walnußöl oder Olivenöl, kaltgepreßt
2 Eßl. Balsamessig (Aceto balsamico)
oder Weinessig
1 Eßl. Zucker
Salz
Pfeffer, frisch gemahlen
einige Salat- oder Chicoréeblätter

• Zubereitungszeit: etwa 20 Minuten
• Zeit zum Durchziehen: 1 Stunde

Etwa 3250 kJ/780 kcal

Die kleinen, braunen Linsen bleiben knackiger und schmecken nussiger als die Tellerlinsen, Sie bekommen sie meistens auf den Gewürzständen auf dem Markt oder abgepackt aus Frankreich in den Lebensmittelabteilungen der großen Kaufhäuser. Übrigens: Dieser Salat schmeckt auch warm als Beilage zu gerösteten Wurststückchen.

1

Die Linsen in gut 1 Tasse Wasser zusammen mit dem Lorbeerblatt in etwa 20 Minuten bißfest garen.

2

In der Zwischenzeit die Frühlingszwiebeln putzen, waschen und schräg in Ringe schneiden. Die Birne waschen und in kleine Würfel schneiden. Die Walnüsse grob hacken.

3

In einer Schüssel aus Öl, Essig und Zucker die Salatsauce rühren, kräftig mit Salz und Pfeffer würzen (Seite 18). Die Zwiebeln, die Birnenwürfel und die Walnüsse hineingeben. Die fertig gegarten Linsen dazugeben. Den Linsensalat etwa 1 Stunde durchziehen lassen.

4

Die Salatblätter auf einem Teller ausbreiten. Den Linsensalat in die Mitte häufen. Dazu gibt es Baguette.

Zutaten vorbereiten

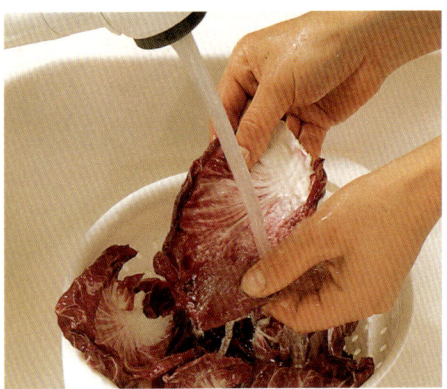

1 Gemüse und Blattsalate putzen und waschen. Auf Küchenpapier abtropfen lassen. Gemüse und Salat nie lange im Wasser liegen lassen, sonst gehen wertvolle Vitamine verloren.

2 Den Blattsalat in mundgerechte Stücke zerpflücken. Das Gemüse kleinschneiden, am besten mit einem Gemüsehobel, der das Gemüse in Scheiben und Stifte teilen kann.

Kräuter hacken

1 Kräuter im Bund unter fließendem Wasser abspülen und trockenschütteln. Die Blättchen abzupfen. Dill mit den Stielen verarbeiten, Schnittlauch in kleine Röllchen schneiden.

2 Kräuter hacken: Ein großes Messer mit der linken Hand an der Spitze festhalten, mit der rechten am Griff. Den Griff auf und ab bewegen. Zwischendurch die Kräuter zusammenschieben.